FICHE DE LECTURE

Document rédigé par Elena Pinaud
maitre en lettres modernes
(Université de Reims)

À l'Ouest, rien de nouveau

Erich Maria Remarque

lePetitLittéraire.fr

Erich Maria Remarque
Romancier allemand

- **Né en 1898 à Osnabrück (Allemagne)**
- **Décédé en 1970 à Locarno (Suisse)**
- **Quelques-unes de ses œuvres :**

  À l'Ouest, rien de nouveau (1929), roman

  Trois camarades (1937), roman

  Un temps pour vivre, un temps pour mourir (1954), roman

Erich Maria Remarque (pseudonyme d'Erich Paul Remark), né en 1898 en Allemagne et décédé en 1970 en Suisse, est un des grands auteurs passionnés par les valeurs humaines telles que la camaraderie, la solidarité et le pacifisme (*Trois camarades*, 1937). C'est aussi un homme marqué par son temps, et concerné par la dépression économique (*L'Obélisque noir*, 1956), par la dictature et par l'oppression (*Un temps pour vivre, un temps pour mourir*, 1954). Ses premiers romans, très bouleversants, et interprétés à l'époque de leur parution de manière parfois exagérée et erronée (on a considéré que l'auteur transmettait, à travers ses œuvres, des messages antinationalistes), lui ont valu la perte de la nationalité allemande.

À l'Ouest, rien de nouveau
La guerre vue par un soldat allemand volontaire

- **Genre :** roman
- **Édition de référence :** *À l'Ouest, rien de nouveau*, Éditions Rencontre, s. l. n. d.
- **1re édition :** 1929
- **Thématiques :** Première Guerre mondiale, Allemagne, mort, horreur

À l'Ouest, rien de nouveau (*Im Westen nichts neues*, 1929) est le récit émouvant, à la fois très factuel et poétique, d'un simple soldat allemand envoyé au combat lors de la Première Guerre mondiale, à 18 ans à peine. Remarque, lui-même marqué par cette page sanglante de l'histoire, veut, grâce à ce document littéraire, se réconcilier avec le monde et avec lui-même. Ce premier roman de l'auteur, qui a immédiatement connu un succès international énorme (il a été traduit dans plus de 25 langues), a aussi suscité beaucoup de polémiques, notamment en Allemagne, en Italie et en Russie, dans le contexte de la montée du fascisme et des relations très tendues entre les divers pouvoirs européens.

RÉSUMÉ

PREMIERS DOUTES

Jeune soldat allemand durant la Première Guerre mondiale, Paul Bäumer témoigne de ce qu'il vit avec réalisme. Recrue modèle au début du conflit, il s'aperçoit très vite, suite aux atrocités et aux abus de pouvoir qu'il constate, de l'absurdité des combats.

Son récit s'ouvre sur la journée de repos d'une compagnie de militaires allemands combattant sur le front français : ils bénéficient d'une double ration de nourriture (les survivants ont reçu les portions de leurs camarades morts), lisent à l'aise les journaux et leur correspondance, et écoutent de la musique, ce qui les remplit de bien-être.

Bäumer se rappelle le moment de leur recrutement. Lui et ses compagnons n'avaient que 18 ans lorsqu'ils ont été envoyés sur le front, après dix semaines de stage dans une caserne. Là, ils avaient été profondément dégoutés par l'absurdité de leurs supérieurs. À la fin de la formation, destinée à « dresser » ces jeunes « au seuil de l'existence » (p. 27), ils étaient devenus des « brutes » (p. 33) et ils étaient prêts pour la guerre.

Mais, peu à peu, le front, et surtout la vue de Kemmerich qui, les jambes amputées, agonise dans un hôpital militaire dans l'indifférence du corps médical, poussent

Bäumer et ses camarades à émettre des doutes sur les discours patriotiques de leurs parents et de leurs professeurs, ainsi que sur les finalités du conflit.

UNE QUESTION D'AUTORITÉ

Bäumer et ses camarades discutent de la guerre, de l'autorité dans l'armée (« le seul métier où l'on peut en abuser ») et des tranchées (le seul endroit où « cesse le dressage », p. 52). En rentrant au campement après avoir installé des fils de fer barbelés, ils se retrouvent sous les feux de l'artillerie française. Ils sont obligés de se cacher dans un cimetière et de porter des masques à gaz. Bäumer, quant à lui, se protège avec des morceaux de cercueils.

En s'épouillant, les soldats discutent de ce qu'ils feront en temps de paix quand leur supérieur, Himmelstoss, apparait. Tjaden l'insulte, ce qui lui vaut une promesse de comparution devant le conseil de guerre pour offense à un officier. Il sera condamné, avec Kropp, à quelques « jours de police », c'est-à-dire d'enfermement dans un ancien poulailler.

LE HASARD

Alors que les attaques des Anglais se font de plus en plus violentes, les canons allemands sont tellement usés qu'ils visent mal, tuant même des soldats allemands. Bäumer réalise alors que ce n'est que par hasard qu'il reste en vie : « Chaque soldat a foi et confiance dans le hasard. » (p. 108) Lors de l'offensive allemande, Bäumer attaque, se sentant plus fort sous la protection des projectiles de son armée. Mais il a aussi l'impression de se déshumaniser à la vue des soldats des deux camps qui explosent sous l'éclat des obus ou qui sont tués à coups de pelle.

Après l'attaque, dans le calme, Bäumer réfléchit à l'importance des souvenirs, au désespoir avec lequel les mourants s'accrochent à la vie et à la naïveté des nouvelles recrues. Derrière le front, Bäumer et ses camarades peuvent se reposer, manger à leur faim (« le bonheur du soldat », p. 147) et vivre une nuit en compagnie de femmes. Cependant, le souvenir des camarades morts reste présent et, pour le vaincre, ils ont recours à l'humour.

Bäumer bénéficie ensuite de dix-sept jours de permission. Il en profite pour rendre visite à sa mère et à sa sœur, mais la rencontre se passe « sans trop de mots » (p. 168). Le jeune soldat est par ailleurs révolté de voir qu'en ville, tous posent des questions sur le front et donnent des conseils quant à la façon dont la guerre doit être menée. Il comprend qu'il ne pourra plus y trouver « sa place familière » (p. 181).

LA CULPABILITÉ

Lorsque Bäumer rejoint ses camarades sur le front, il se ressaisit : « Je me trouve ici dans mon milieu. » (p. 208) Volontaire pour aller repérer les positions des ennemis, il reste bloqué dans un trou, sous les tirs des deux armées. Un soldat français le repère : il est obligé de le poignarder. À force de le contempler, de lire ses lettres et de regarder les photos que le Français gardait dans ses poches, Bäumer éprouve un grand sentiment de culpabilité, mais Katczinsky et Kropp le rassurent : le tuer était la seule chose à faire.

Bäumer et ses camarades sont chargés de surveiller un dépôt de vivres destinées aux officiers. Ils en profitent pour se rassasier, jusqu'au jour où ils reçoivent l'ordre de repartir sur le front. Sur la route, ils croisent des réfugiés français désespérés et affligés, et survivent à une attaque aérienne acharnée. Blessés, Bäumer et Kropp sont transportés en train jusqu'à un hôpital catholique.

UNE GÉNÉRATION SACRIFIÉE

En revenant sur le front, Bäumer constate une fois de plus que les tirs ne sont pas le seul problème. Il y a aussi l'insuffisance de nourriture, le manque d'expérience des nouvelles recrues, les crises de folie ou encore le désespoir, qui poussent des soldats à déserter. La mort de Katczinsky augmente la solitude du jeune homme.

En automne 1918, Bäumer, ayant avalé du gaz, se trouve dans une maison de repos et attend, comme tous les autres malades, l'armistice. Il considère sa génération comme inutile : au moment où elle devait apprendre la vie, elle n'a connu que la guerre.

L'épilogue du roman ressemble à une lettre de l'armée destinée à la famille de Bäumer : elle l'informe que ce dernier a été retrouvé mort sur le front, en octobre 1918, lors d'une journée si calme que le communiqué militaire signalait « qu'à l'Ouest, il n'y avait rien de nouveau » (p. 300).

ÉTUDE DES PERSONNAGES

PAUL BÄUMER

C'est à travers les yeux de Paul Bäumer que le lecteur est transposé dans l'atmosphère féroce de la Première Guerre mondiale. Ses états d'âme, son discours et sa vision du conflit ne sont pas ceux d'un idéaliste, mais ceux d'un homme réaliste. Il se forge sa conception des choses par sa propre expérience.

Fils d'une famille modeste, élève appliqué et convaincu par les discours de ceux qui théorisent la guerre sans la vivre, il est, au début du conflit, un soldat modèle. Mais, très vite, les atrocités vues et vécues, la mort de certains de ses camarades, la démagogie (attitude consistant à flatter le plus grand nombre pour obtenir ou conserver le pouvoir) et l'absurdité de ses supérieurs le convainquent de l'inutilité de la guerre. Il continue cependant à combattre. Il ne trouve d'ailleurs plus sa place en dehors des tranchées. Il fait partie de la génération formée pour et par la guerre, et il ne se voit pas dans une autre posture. Il traverse le conflit sans être gravement blessé et il meurt peu avant l'armistice, un jour très calme, ironie du hasard. Cette manière de mourir est pour lui la fin parfaite. En effet, il n'aurait pas pu s'adapter à une société d'après-guerre qui lui aurait été complètement étrangère : il n'avait pas fini ses études, il n'avait pas de métier et il sentait sa famille distante. De ce point de vue, Bäumer représente une génération entière.

On retrouve des éléments autobiographiques dans le portrait du jeune Bäumer :

- l'une des grands-mères de Remarque s'appelait Beumer ;
- la mère de Remarque meurt d'un cancer en 1917 comme la mère de Bäumer ;
- la description de la chambre de Bäumer et de sa ville natale correspond à la vie de l'auteur ;
- l'expérience de soldat a été vécue par Remarque. En effet, l'ombre de la guerre planait sans cesse sur la mémoire de l'écrivain qui, dix ans plus tard, était toujours dépressif. C'est probablement la raison pour laquelle son ouvrage présente quelques repères autobiographiques. En transformant son expérience en un roman, il pensait pouvoir s'en libérer et aider les autres à le faire. Dans une certaine mesure, Bäumer est Remarque, mais il est surtout n'importe quel soldat.

ALBERT KROPP

Albert Kropp est un soldat apprécié par tous et le penseur du groupe. Sa vision de la guerre – un combat uniquement entre les représentants des pays qui se déclarent la guerre, les populations y assistant comme à une fête populaire – le place du côté de ceux qui voudraient épargner les vies de tous les soldats et de tous les civils. Très sûr de lui, il rêve d'une carrière dans la poste après la guerre pour pouvoir humilier Himmelstoss. Incarnation d'un vrai héros à l'attitude énergique dans toute situation, il ne conçoit pas de sortir mutilé des combats. D'ailleurs, quand on l'ampute d'une jambe, il pense à se suicider.

TJADEN

La guerre a un effet positif sur Tjaden puisqu'elle lui permet de murir. Avant d'être envoyé sur le front, il était plutôt enfantin et peureux, et il avait besoin de la protection de ses camarades. Le rythme éprouvant du front l'aide à dépasser ses appréhensions, et lui apprend à se débrouiller seul et à s'affirmer. Humilié à la caserne par Himmelstoss parce qu'il urine chaque nuit dans son lit, Tjaden trouve sur le front l'audace d'affronter son ancien supérieur sans avoir peur des représailles. Il se rend compte que rien de ce que Himmelstoss dit ou fait n'a d'importance : devant une mort imminente, il n'y a plus de hiérarchie.

STANISLAS KATCZINSKY

Cordonnier dans la vie civile, Katczinsky connait en fait beaucoup de métiers, ce qui lui est très utile sur le front car il peut se débrouiller pour fabriquer des matelas, pour cuisiner, pour troquer, pour faire de beaux discours et pour charmer tout le monde. C'est celui que Bäumer admire le plus : « Ce que dit Kat, il ne le dit pas sans y avoir bien réfléchi. » (p. 18) Il meurt silencieusement sur le dos de ce dernier avec une jambe mutilée et un éclat d'obus dans la tête.

Selon lui, à force d'agir uniquement sur ordre, les soldats deviennent de simples objets manipulés par leurs supérieurs. Ceux-ci finissent souvent par abuser de l'autorité due à leur rang, victimes de la faiblesse humaine :

> « Si tu donnes à un homme un petit bout d'autorité [...] il se jette dessus. Cela va de soi, car l'homme n'est à l'origine qu'une sale bête [...]. Or, la vie militaire consiste en ce que l'un a de l'autorité sur l'autre. [...] et, par le fait que chacun connaît son autorité, il s'habitue à en abuser. (p. 51)

Tout comme Kropp, c'est un personnage fort, un héros et un homme qui a une vision très objective des réalités d'une société en guerre.

FRANZ KEMMERICH

Franz Kemmerich, qui a grandi avec Bäumer et qui a été un élève brillant adoré par sa famille, meurt dans un hôpital militaire avec les deux jambes amputées. La description de sa souffrance, de son agonie et de sa peur de mourir est un cri presque collectif contre la guerre, le cri d'une génération sacrifiée, entrainée dans un combat qu'elle n'a pas demandé : « On devrait conduire le monde entier devant ce lit en disant : Voici Franz Kemmerich, âgé de dix-neuf ans et demi, il ne veut pas mourir, ne le laissez pas mourir. » (p. 37)

KANTOREK

Kantorek, un homme de petite taille, était le professeur de gymnastique de Bäumer au lycée. C'est lui qui est responsable du recrutement de toute sa classe : à force d'être obligés d'écouter ses discours patriotards et pathétiques, ses élèves ont fini par s'enrôler. En y réfléchissant, Bäumer se rend compte qu'il aurait dû se douter que Kantorek n'était qu'un démagogue.

HIMMELSTOSS

Facteur dans la vie civile, Himmelstoss profite de son statut dans la caserne pour humilier les jeunes. L'explication de Katczinsky sur la bassesse des hommes et sur l'utilisation qu'ils font de l'autorité qu'on leur donne s'applique parfaitement à son cas. C'est un adepte aveugle de la hiérarchie arbitrairement construite dans la foulée de la guerre. C'est aussi quelqu'un de lâche : lors d'une attaque, il se cache dans un trou et fait semblant d'être blessé pour ne pas être obligé de combattre. Très autoritaire quand il s'agit de « dresser » les novices, en réalité, il n'a pas le courage d'entrer dans les tranchées.

CLÉS DE LECTURE

BON À SAVOIR : LA PREMIÈRE GUERRE MONDIALE

L'action de ce roman se passe lors de la Première Guerre mondiale qui, de 1914 à 1918, a opposé la Triple-Alliance, composée de l'Allemagne, de l'Autriche-Hongrie et de l'Italie, pays rejoints par la Turquie et la Bulgarie, à la Triple-Entente, qui regroupait la France, la Russie et la Grande-Bretagne, qui ont reçu le soutien du Japon, de la Roumanie, du Portugal, des États-Unis, de la Grèce, de la Chine, de plusieurs états sud-américains, etc.
La politique économique et territoriale expansionniste de l'Allemagne (dont le projet était d'obtenir la suprématie économique en Europe et d'établir une zone d'influence dans les pays africains) avait créé en Europe une tension que l'assassinat de l'héritier d'Autriche, l'archiduc François-Ferdinand, en 1914 à Sarajevo n'avait fait qu'exacerber. En juillet 1914, l'Autriche-Hongrie a déclaré la guerre à la Serbie, bénéficiant du soutien de Guillaume II (roi de Prusse et empereur d'Allemagne entre 1888 et 1918). Avec le système d'alliance, le conflit est rapidement devenu mondial.
Cette guerre a provoqué l'éclatement des Empires russe, austro-hongrois et ottoman, ainsi que du IIe Reich (terme qui désigne l'Empire allemand entre 1871 et 1918).

LE STATUT DU SIMPLE SOLDAT

Le contexte de la guerre constitue pour Remarque l'occasion de développer plusieurs thèmes humanistes majeurs, à commencer par le statut du simple soldat. Les images des soldats qui discutent sur les latrines en pleine nature, qui s'épouillent, qui se lavent rarement, qui mangent du pain moisi, qui regrettent les morceaux sacrifiés pour attraper des rats ou encore qui se servent de pelles pour tuer sont éloquentes. Toutes font apparaitre les hommes comme des animaux.

La déshumanisation constatée par Bäumer ne correspond pas à la grandeur évoquée par les professeurs lors du recrutement. Le patriotisme n'a pas de place dans les horreurs que les soldats commettent pour survivre, animés par un instinct de conservation auparavant latent. Arrivés sur le front, leurs corps « sont prêts à tout » (p. 61), une énergie nouvelle s'empare d'eux et ils sont gouvernés par « l'instinct de bête » (p. 63), qui les fait par exemple se coucher à terre quand des obus éclatent. La terre devient ainsi « l'unique ami, le frère, la mère » de chaque soldat (p. 62). Elle est donc garante de vie, comme c'est le cas dans la mythologie, car elle offre sa protection aux recrues, mais elle reçoit aussi les corps morts. Pourtant, bien qu'elle soit le seul allié des combattants, ceux-ci la maltraitent, en creusant des tranchées et en la faisant éclater sous les obus. Mais la terre n'est ni rancunière, ni jalouse, ni enragée comme les hommes.

L'AUTORITÉ ET LA VENGEANCE

Chez Remarque, les notions d'autorité et de vengeance sont rattrapées par la réalité du front : si, en tant que nouvelles recrues, Bäumer et ses camarades ne mettent pas en doute l'ascendant des supérieurs et des hauts représentants de la société civile, les atrocités des combats nourrissent en eux des sentiments d'injustice et d'absurdité qui réclament la vengeance.

Tant que l'autorité (des ordres militaires précis) ne concerne que le statut de soldat, elle peut être acceptée sans difficulté. Mais quand elle vise la personnalité du militaire en l'humiliant (enlever la neige avec une brosse à dents ou courir pendant une heure parce que la longueur du caleçon dépasse celle des draps), le désir de représailles apparait : c'est le cas de Tajden et de Kropp qui ont des comptes à régler avec Himmelstoss, mais c'est également le cas d'un camarade qui retrouve le supérieur de Kantorek et qui profite de son nouveau statut pour se venger des vexations que celui-ci lui a fait subir.

Grâce à leur pouvoir dans l'armée et dans la politique (et aussi à cause de la guerre), les généraux deviennent aussi célèbres que les empereurs. Derrière eux, il y a également les individus à qui le conflit profite comme, par exemple, les producteurs des conserves abimées envoyées aux soldats.

Mais l'autorité, c'est aussi l'uniforme, qui assure un certain prestige, et cela même pour les simples soldats : quand ils n'en sont pas vêtus, ils se sentent nus, de simples civils.

UN RÉQUISITOIRE CONTRE LA GUERRE

La guerre est d'abord présentée sous ses aspects destructeurs et visibles : on voit des morts, des mutilés, la famine, des familles détruites, des villages déserts ou encore des réfugiés. Le récit revient ensuite en arrière, à la période de l'endoctrinement des recrues dans les casernes. Le roman se dirige finalement vers une réflexion sur les origines et sur les effets immédiats et à long terme de la guerre.

Sur le front, les soldats deviennent « des hommes bêtes » (p. 63), « des animaux dangereux » (p. 121) tellement désespérés que les ennemis qu'ils visent ne sont plus des hommes, mais l'image même de la mort. Les recrues sont intimement convaincues de l'unitilité de la guerre. Il n'y a pas de raison pour faire la guerre et, par conséquent, ils ne font qu'exécuter des ordres qu'ils ne comprennent pas et qu'ils ne partagent pas :

> « C'est un ordre qui a fait de ces formes silencieuses nos ennemis ; un autre ordre pourrait maintenant faire d'elles nos amis. Sur une table quelconque, des gens que personne de nous ne connaît signent un écrit et, pendant des années, voilà que notre but suprême devient ce qui, en temps normal, est l'objet de l'abomination universelle et du châtiment le plus énergique. (p. 201)

Le récit du soldat Bäumer prend donc le ton d'un réquisitoire contre la guerre, renforcé de manière humoristique par une discussion entre Tjaden et Katczinsky sur le non-sens des déclarations de guerre. Ces deux personnages font la différence entre la « patrie » (c'est-à-dire les gens) et « l'État » (« le gouvernement, les gendarmes, la police, les impôts », p. 212-213) : puisque ce ne sont pas des patries qui se déclarent réciproquement la guerre, il n'y a pas de raison pour s'entretuer. C'est alors une affaire entre les États et entre ceux qui recherchent le profit, en concluent les deux amis.

Ce qui est également dénoncé, ce sont les discours de Kantorek, de Himmelstoss, des bourgeois (les riches industriels) ou des politiciens, qui convainquent les jeunes de s'enrôler. Pour ces derniers, pas encore matures, les représentants de l'autorité et de l'État sont censés avoir « une perspicacité plus grande et un savoir plus humain » (p. 19). Aussi refuser de s'engager est-il perçu à l'époque comme un acte antipatriotique. On donne aux jeunes la sensation d'avoir entre leurs mains le sort de leur nation. Ceux qui tiennent les discours patriotiques ne sont pas sur le front et ne prouvent donc pas leur amour pour la patrie. Ils cherchent uniquement à renforcer leur situation privilégiée et leur pouvoir, aux dépens des vies d'innocents. Voilà pourquoi Bäumer et ses camarades, tout en étant conscients de leur devoir de soldats, finissent par ignorer les grands mots des dirigeants. La morale que le héros en tire, c'est qu'à la place de ces exhortations générant des catastrophes humanitaires, l'autorité aurait dû apprendre aux jeunes à construire leur avenir, ainsi que la solidarité et la fraternité.

LA MISE EN AVANT DE VALEURS HUMAINES

Les seuls éléments positifs générés par la vie dans les tranchées sont des valeurs comme :

- la fraternité, sentiment inexplicable et incompréhensible par les familles puisque cela n'existe qu'entre les soldats qui frôlent la mort et qui la donnent (pensons par exemple à la scène des remords de Bäumer après avoir tué un militaire français) ;

- la solidarité, les soldats partageant tous le même sort;
- ces deux valeurs donnent naissance ensuite à « ce que la guerre produisit de meilleur: la camaraderie » (p. 34). Ce sentiment est illustré par plusieurs scènes: Bäumer et un de ses amis pensent donner la mort à un soldat agonisant pour abréger ses souffrances et pour qu'il puisse partir dignement; ils se protègent réciproquement contre les ordres absurdes des supérieurs; Bäumer essaie de sauver le Français qu'il a été obligé de poignarder, etc.

UN « LIVRE-JOURNAL »

L'écriture à la première personne et le ton confessionnel du récit de Bäumer font que les lecteurs plongent dans l'atmosphère atroce de la guerre et y participent. Ce style d'écriture atteste de l'authenticité de l'œuvre et du sujet traité, et aide le narrateur à partager avec un grand nombre de personnes ses troubles et son vécu. Il est difficile pour un soldat de raconter ouvertement à ses proches ou aux autres civils ce qu'est réellement la guerre. Se confesser sous la forme d'un livre-journal est donc une démarche thérapeutique: cela permet à Bäumer et, indirectement, à l'auteur, de se défouler, de partager ses souvenirs troublants et d'informer autrui sur les horreurs d'une telle situation.

Remarque combine cependant le style du journal avec une écriture romanesque parce que celle-ci lui permet de placer son héros dans un contexte historique et social précis, de nuancer la complexité du statut de soldat et de transmettre différentes visions de la guerre.

PISTES DE RÉFLEXION

QUELQUES QUESTIONS POUR APPROFONDIR SA RÉFLEXION…

- Quel est l'état d'esprit des soldats allemands avant d'arriver sur le front, puis après deux années de combat ? Qu'est-ce qui a changé et pourquoi ?
- Les discours des professeurs de Bäumer et des autorités allemandes vous paraissent-ils justifiés ?
- Selon vous, pourquoi Bäumer ne se sent-il plus à l'aise dans sa famille et dans sa ville natale après deux années de combat ? Comprenez-vous ce sentiment ?
- Comment, selon Kropp, une guerre devrait-elle se dérouler ? Êtes-vous d'accord avec lui ?
- Quelles sont les différentes facettes de l'autorité ? Expliquez à partir d'exemples tirés du livre. Sont-elles toutes légitimes ?
- Pourquoi la mort de Bäumer lors des derniers jours de guerre constitue-t-elle pour lui une fin appropriée ?
- Selon vous, ce livre met-il en scène des héros ?
- La guerre déshumanise les soldats. Illustrez cela avec des exemples tirés du livre. Inversement, pensez-vous que la guerre puisse humaniser les soldats ?
- Pourquoi, selon Bäumer, la notion de fraternité ne peut être comprise que par ceux qui ont participé à la guerre ?
- Remarque a écrit ce livre dans un dessein thérapeutique. Connaissez-vous d'autres auteurs qui ont écrit dans le même but ?

POUR ALLER PLUS LOIN

ÉDITION DE RÉFÉRENCE

- REMARQUE E. M., *À l'Ouest, rien de nouveau*, Éditions Rencontre, s. l. n. d.

ÉTUDES DE RÉFÉRENCE

- OWEN C. R., *Erich-Maria Remarque. A critical bio-bibliography*, Amsterdam, Rodopi, 1984.
- *Le Nouveau Dictionnaire des auteurs*, Paris, Robert Laffont, 1998.
- *Le Nouveau Dictionnaire des œuvres*, Paris, Robert Laffont, 1994.

Retrouvez notre offre complète sur lePetitLittéraire.fr

- des fiches de lectures
- des commentaires littéraires
- des questionnaires de lecture
- des résumés

Anouilh
- Antigone

Austen
- Orgueil et Préjugés

Balzac
- Eugénie Grandet
- Le Père Goriot
- Illusions perdues

Barjavel
- La Nuit des temps

Beaumarchais
- Le Mariage de Figaro

Beckett
- En attendant Godot

Breton
- Nadja

Camus
- La Peste
- Les Justes
- L'Étranger

Carrère
- Limonov

Céline
- Voyage au bout de la nuit

Cervantès
- Don Quichotte de la Manche

Chateaubriand
- Mémoires d'outre-tombe

Choderlos de Laclos
- Les Liaisons dangereuses

Chrétien de Troyes
- Yvain ou le Chevalier au lion

Christie
- Dix Petits Nègres

Claudel
- La Petite Fille de Monsieur Linh
- Le Rapport de Brodeck

Coelho
- L'Alchimiste

Conan Doyle
- Le Chien des Baskerville

Dai Sijie
- Balzac et la Petite Tailleuse chinoise

De Gaulle
- Mémoires de guerre III. Le Salut. 1944-1946

De Vigan
- No et moi

Dicker
- La Vérité sur l'affaire Harry Quebert

Diderot
- Supplément au Voyage de Bougainville

Dumas
- Les Trois Mousquetaires

Énard
- Parlez-leur de batailles, de rois et d'éléphants

Ferrari
- Le Sermon sur la chute de Rome

Flaubert
- Madame Bovary

Frank
- Journal d'Anne Frank

Fred Vargas
- Pars vite et reviens tard

Gary
- La Vie devant soi

Gaudé
- La Mort du roi Tsongor
- Le Soleil des Scorta

Gautier
- La Morte amoureuse
- Le Capitaine Fracasse

Gavalda
- 35 kilos d'espoir

Gide
- Les Faux-Monnayeurs

Giono
- Le Grand Troupeau
- Le Hussard sur le toit

Giraudoux
- La guerre de Troie n'aura pas lieu

Golding
- Sa Majesté des Mouches

Grimbert
- Un secret

Hemingway
- Le Vieil Homme et la Mer

Hessel
- Indignez-vous !

Homère
- L'Odyssée

Hugo
- Le Dernier Jour d'un condamné
- Les Misérables
- Notre-Dame de Paris

Huxley
- Le Meilleur des mondes

Ionesco
- Rhinocéros
- La Cantatrice chauve

Jary
- Ubu roi

Jenni
- L'Art français de la guerre

Joffo
- Un sac de billes

Kafka
- La Métamorphose

Kerouac
- Sur la route

Kessel
- Le Lion

Larsson
- Millenium I. Les hommes qui n'aimaient pas les femmes

Le Clézio
- Mondo

Levi
- Si c'est un homme

Levy
- Et si c'était vrai...

Maalouf
- Léon l'Africain

Malraux
- La Condition humaine

Marivaux
- La Double Inconstance
- Le Jeu de l'amour et du hasard

Martinez
- Du domaine des murmures

Maupassant
- Boule de suif
- Le Horla
- Une vie

Mauriac
- Le Nœud de vipères

Mauriac
- Le Sagouin

Mérimée
- Tamango
- Colomba

Merle
- La mort est mon métier

Molière
- Le Misanthrope
- L'Avare
- Le Bourgeois gentilhomme

Montaigne
- Essais

Morpurgo
- Le Roi Arthur

Musset
- Lorenzaccio

Musso
- Que serais-je sans toi ?

Nothomb
- Stupeur et Tremblements

Orwell
- La Ferme des animaux
- 1984

Pagnol
- La Gloire de mon père

Pancol
- Les Yeux jaunes des crocodiles

Pascal
- Pensées

Pennac
- Au bonheur des ogres

Poe
- La Chute de la maison Usher

Proust
- Du côté de chez Swann

Queneau
- Zazie dans le métro

Quignard
- Tous les matins du monde

Rabelais
- Gargantua

Racine
- Andromaque
- Britannicus
- Phèdre

Rousseau
- Confessions

Rostand
- Cyrano de Bergerac

Rowling
- Harry Potter à l'école des sorciers

Saint-Exupéry
- Le Petit Prince
- Vol de nuit

Sartre
- Huis clos
- La Nausée
- Les Mouches

Schlink
- Le Liseur

Schmitt
- La Part de l'autre
- Oscar et la Dame rose

Sepulveda
- Le Vieux qui lisait des romans d'amour

Shakespeare
- Roméo et Juliette

Simenon
- Le Chien jaune

Steeman
- L'Assassin habite au 21

Steinbeck
- Des souris et des hommes

Stendhal
- Le Rouge et le Noir

Stevenson
- L'Île au trésor

Süskind
- Le Parfum

Tolstoï
- Anna Karénine

Tournier
- Vendredi ou la Vie sauvage

Toussaint
- Fuir

Uhlman
- L'Ami retrouvé

Verne
- Le Tour du monde en 80 jours
- Vingt mille lieues sous les mers
- Voyage au centre de la terre

Vian
- L'Écume des jours

Voltaire
- Candide

Wells
- La Guerre des mondes

Yourcenar
- Mémoires d'Hadrien

Zola
- Au bonheur des dames
- L'Assommoir
- Germinal

Zweig
- Le Joueur d'échecs

Et beaucoup d'autres sur lePetitLittéraire.fr

www.lepetitlitteraire.fr

ISBN version imprimée : 978-2-8062-1263-4
ISBN version numérique : 978-2-8062-1506-2
Dépôt légal : D/2013/12.603/314